Série de livres illustrés classiques
sur les groupes ethniques du Yunnan

La légende de la Princesse Paon

Sunshine Orange Studio

Traduit par Agnès Belotel-Grenié

Books Beyond Boundaries

ROYAL COLLINS

La légende de la Princesse Paon

Sunshine Orange Studio
Traduit par Agnès Belotel-Grenié

Première édition française 2023
Par le groupe Royal Collins Publishing Group Inc.
BKM Royalcollins Publishers Private Limited
www.royalcollins.com

Original Edition © Yunnan Education Publishing House Co., Ltd.
All rights reserved.

Copyright © Royal Collins Publishing Group Inc.
Groupe Publication Royal Collins Inc.
BKM Royalcollins Publishers Private Limited

Siège social : 550-555 boul. René-Lévesque O Montréal (Québec) H2Z1B1 Canada
Bureau indien : 805 Hemkunt House, 8th Floor, Rajendra Place, New Delhi 110 008

ISBN : 978-1-4878-1192-1

Il était une fois, dans la belle région du Xishuangbanna, vivait un beau prince du royaume de Mengbanjia. Il avait pour nom Zhaoshutun.

Au fin fond de la forêt, il y avait aussi un autre royaume appelé le Royaume du Paon. Dans le Royaume du Paon vivaient sept belles Princesses Paon, chacune avec une cape unique en plumes de paon. Lorsque les princesses enfilaient leur cape, elles se transformaient en magnifiques paons et pouvaient voler librement dans les airs.

Un jour, Zhaoshutun monta sur son cheval et partit chasser dans les forêts profondes comme il le faisait souvent. À sa grande surprise, il vit les sept Princesses Paon qui jouaient dans un lac.

Zhaoshutun eut le coup de foudre pour la septième et plus jeune princesse, Nanmunuona, la plus belle et la plus intelligente des sept Princesses Paon.

Comme Zhaoshutun ne voulait pas laisser Nanmunuona partir, il suivit avec précaution le chemin légendaire et arriva au bord du lac. Puis, il prit secrètement la cape en plumes de paon que Nanmunuona avait enlevée et attendit tranquillement dans la forêt.

Alors que les Princesses Paon étaient prêtes à mettre leurs capes et à s'envoler, elles réalisèrent que la cape de la septième princesse Nanmunuona avait disparu. À ce moment-là, Zhaoshutun sortit des bois, avec la cape de Nanmunuona dans ses mains.

Lorsque Nanmunuona vit le beau prince, elle tomba aussi amoureuse de lui.

Zhaoshutun s'excusa et exprima son amour à Nanmunuona. En même temps, il demanda aux six sœurs de l'aider à réussir le mariage.

Au regard timide de leur sœur, les six sœurs comprirent que c'était aussi son souhait. Après avoir exprimé leurs bénédictions aux deux amoureux, les six Princesses Paon revêtirent leurs capes et s'envolèrent.

Zhaoshutun et Nanmunuona organisèrent une grande cérémonie de mariage, faisant sensation dans tout Mengbanjia. Le vieux roi de Mengbanjia, tous ses fonctionnaires et les gens du peuple bénirent le couple. Leur cérémonie de mariage dura trois jours et les lampes à eau des bénédictions remplirent la rivière.

Après le mariage, Zhaoshutun et Nanmunuona vécurent heureux ensemble. Mais lorsque les tribus voisines commencèrent à faire la guerre, pour protéger sa patrie, Zhaoshutun appela les guerriers les plus courageux du royaume qui vinrent tous à dos d'éléphant.

Au début de la guerre, un jour, la mauvaise nouvelle arriva :
l'armée de Zhaoshutun avait été vaincue et avait été forcée de
battre en retraite. La guerre se rapprochait de Mengbanjia. Le
vieux roi, désespéré, crut à la fausse accusation selon laquelle
la guerre avait été apportée au pays par Nanmunuona, et
décida donc de la brûler à mort.

Juste avant son exécution, Nanmunuona demanda à revêtir une dernière fois sa cape en plumes de paon, afin de pouvoir offrir à son père une dernière danse du paon, pour remercier le peuple de son amour.

Le vieux roi accepta. Nanmunuona enfila sa cape en plumes de paon et dansa la danse du paon, pleine d'amour pour Zhaoshutun et le peuple de Mengbanjia.

À la fin de la danse, Nanmunuona se transforma
en un paon coloré, et avec des yeux pitoyables,
elle s'envola lentement dans le ciel.

La nouvelle de la victoire du prince arriva le soir du même jour. Mais lorsque Zhaoshutun ne trouva pas sa femme dans la foule qui saluait le retour triomphal de l'armée, il commença à s'inquiéter.

De retour auprès du vieux roi, Zhaoshutun expliqua ce qu'il s'était passé. Nanmunuona avait mis au point un plan pour attirer l'ennemi de plus en plus près, le berçant d'un faux sentiment de sécurité. Quand le moment était venu, Mengbanjia avait attaqué et avait pu gagner la guerre !

En entendant cela, le vieux roi fut plein de regrets, mais il était déjà trop tard. Il raconta à Zhaoshutun ce qui était arrivé à Nanmunuona, et comment il l'avait forcée à partir.

Lorsque Zhaoshutun apprit ce qu'il s'était passé, il fut désemparé et partit sur son cheval. La seule chose à laquelle il pensait était qu'il devait retrouver sa femme. Mais comment trouver le légendaire Royaume du Paon dans les forêts denses ? Il commença à appeler sa femme, en criant de toutes ses forces.

Puis, un miracle se produisit : un singe sacré apparut devant ses yeux ! Le singe remit le bracelet de Nanmunuona à Zhaoshutun, et lui donna également trois flèches magiques en or et un arc qu'elle avait laissé. Enfin, le singe dirigea Zhaoshutun vers le Royaume du Paon.

Après que Zhaoshutun eut traversé de nombreuses montagnes, le singe sacré lui dit d'utiliser une des flèches d'or pour ouvrir la montagne qui bloquait le chemin vers le Royaume du Paon. Il le fit et une route menant au Royaume du Paon apparut.

Après ce long et difficile voyage, Zhaoshutun fut obligé d'utiliser sa deuxième flèche d'or pour tuer le Serpent du Diable qui bloquait le chemin. Zhaoshutun et le singe sacré avaient subi de graves blessures, mais ils avaient finalement atteint la patrie des Princesses Paon.

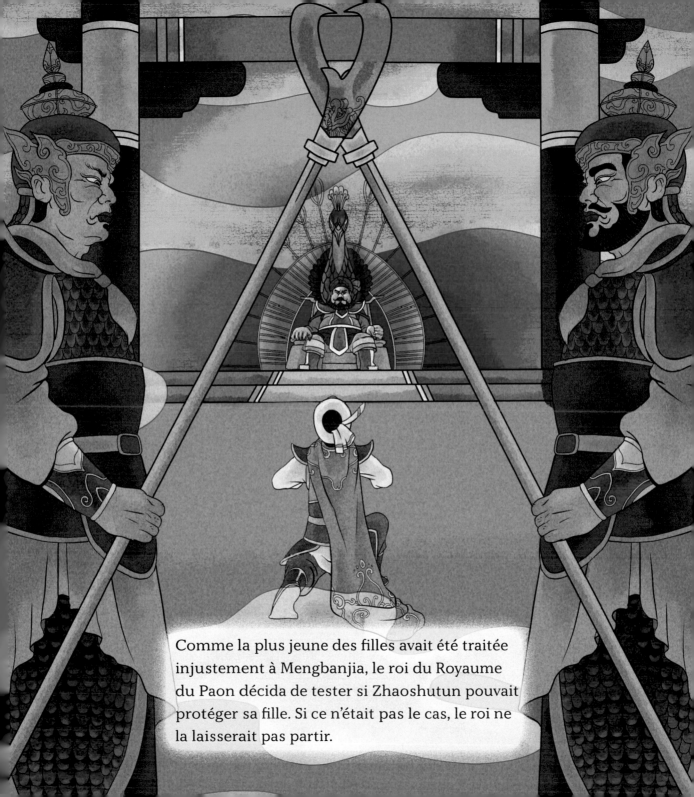

Comme la plus jeune des filles avait été traitée injustement à Mengbanjia, le roi du Royaume du Paon décida de tester si Zhaoshutun pouvait protéger sa fille. Si ce n'était pas le cas, le roi ne la laisserait pas partir.

Le roi demanda à ses sept filles de se tenir derrière un rideau de gaze, chacune ayant une bougie sur la tête. Il demanda à Zhaoshutun de trouver sa femme parmi les sept princesses et d'utiliser son arc et ses flèches pour tirer sur la bougie posée la tête de sa femme.

Zhaoshutun se stabilisa et sortit la troisième et dernière flèche en or. La flèche magique toucha la bougie sur la tête de Nanmunuona. Le rideau de gaze tomba, révélant la gracieuse Nanmunuona, regardant amoureusement son mari.

Finalement, Zhaoshutun trouva sa femme et après les épreuves qu'ils avaient traversées, leur amour fut plus profond que jamais.

Depuis lors, le peuple Dai de Mengbanjia entretient une relation particulière avec le paon, considéré comme un symbole de chance et de bonheur. La danse du paon, symbole de paix et de bonheur, occupe également une place particulière dans le cœur des habitants.